U0111823

大展好書　好書大展
品嘗好書　冠群可期

大展好書　好書大展
品嘗好書　冠群可期

武術秘本圖解 10

達摩派拳訣
——拳法秘傳

原著　湯　顯
整理　三武組

大展出版社有限公司

三武挖整組
（排名不分先後）

【組長】

高　翔

【寫作組】

高　飛　鄧方華　閻　彬　余　鶴

景樂強　董國興　陳　鋼　范超強

趙義強　謝靜超　梁海龍　郭佩佩

趙愛民　黃守獻　殷建偉　黃婷婷

甘　泉　侯　雯　景海飛　王松峰

【繪圖組】

高　紳　黃冠杰　劉　凱　朱衍霖

黃　澳　凌　召　潘祝超　徐　濤

李貢群　李　劍

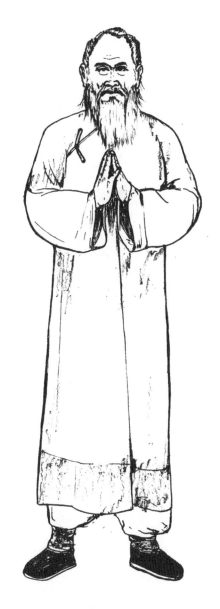

湯顯（1856—1938），又名湯鵬超，清末民初
著名武術家，擅長「達摩內功拳」，名震一時。

達摩一葦渡江。

湯顯自序

　　梁天監中，達摩師遺留「天竺易筋經」於嵩山少林寺，其僧徒演而習之，盡心推廣，代有傳人，遂成出群卓越之奇術。少林拳勢，區曰龍、虎、豹、鶴、蛇、猴，為其正宗；唯拳勢甚多，率大同而小異，均由少林派變化而來。故今人之論技擊者，必首推少林。

　　然我國技擊非自少林始也，嘗聞管子之為教也：「于子之鄉，有拳勇股肱之力、筋骨秀出于眾者，有則以告」，則其時主國而訓士，已重視斯術矣。夫技擊者，習手足、便器械、積機關，以立攻守之勝者也，自衛、衛國。

　　識者尚之不佞，究心是術，粗識大指，懼世之有志於斯而不得其門焉，則為之圖說。積久成編，匯而付梓，非敢曰著書，聊以為芻蕘之獻而已。

達摩派拳訣——拳法秘傳

目 錄

第一章 立正行禮勢 ‥‥‥‥‥‥‥‥‥‥‥‥‥ 13

第二章 擺馬勢 ‥‥‥‥‥‥‥‥‥‥‥‥‥ 16

一、平 馬 ‥‥‥‥‥‥‥‥‥‥‥‥‥ 16

二、箭 馬 ‥‥‥‥‥‥‥‥‥‥‥‥‥ 17

三、吊 馬 ‥‥‥‥‥‥‥‥‥‥‥‥‥ 19

四、夾 馬 ‥‥‥‥‥‥‥‥‥‥‥‥‥ 21

五、達摩拳擺馬勢 ‥‥‥‥‥‥‥‥‥‥‥ 23

六、蛇音虎法 ‥‥‥‥‥‥‥‥‥‥‥‥‥ 24

第三章 腳步法 ‥‥‥‥‥‥‥‥‥‥‥‥‥ 25

一、前墊步 ‥‥‥‥‥‥‥‥‥‥‥‥‥ 25

二、後墊步 ‥‥‥‥‥‥‥‥‥‥‥‥‥ 27

三、跌 步 ‥‥‥‥‥‥‥‥‥‥‥‥‥ 28

四、挖沙步 ‥‥‥‥‥‥‥‥‥‥‥‥‥ 29

五、插地龍 ‥‥‥‥‥‥‥‥‥‥‥‥‥ 32

六、雙眠步 …………………………………… 33

七、右眠步 …………………………………… 35

第四章　拳手握勢 ………………………………… 36

一、虎爪拳 …………………………………… 36

二、柳　拳 …………………………………… 37

三、箭　拳 …………………………………… 37

四、衝　拳 …………………………………… 38

五、捸　拳 …………………………………… 38

六、腰　拳 …………………………………… 38

七、抖肚拳 …………………………………… 39

八、雙龍入海 ………………………………… 39

九、雙　拳 …………………………………… 40

十、十字拳 …………………………………… 40

十一、換　拳 ………………………………… 41

十二、一字拳 ………………………………… 42

十三、挑　拳 ………………………………… 43

十四、衝天拳 ………………………………… 44

第五章　手　勢 …………………………………… 45

一、虎爪手 …………………………………… 45

二、苗葉手 …………………………………… 45

三、捎　拳 …………………………… 46

四、扎　手 …………………………… 47

五、抄　手 …………………………… 49

六、揲　手 …………………………… 50

七、分　手 …………………………… 51

八、揚　手 …………………………… 52

九、探　手 …………………………… 54

十、插　手 …………………………… 56

十一、雙削手 ………………………… 57

十二、三切手 ………………………… 58

第六章　腿　勢 ………………… 59

一、橫　腿 …………………………… 59

二、踢　腿 …………………………… 61

三、飛　腿 …………………………… 62

四、串心腿 …………………………… 63

第七章　肘　勢 ………………… 64

一、登　肘 …………………………… 64

二、彆　肘 …………………………… 65

三、背　肘 …………………………… 66

四、印　肘 …………………………… 66

目
錄

009

第八章　剛柔法 ································ 67

一、分開雲霧望青天 ······················ 67

二、斜風細雨用暗箭 ······················ 69

三、磨掌擦拳刺敵人 ······················ 72

四、撩印擦心練筋骨 ······················ 76

五、行者挑擔練精神 ······················ 83

六、鳳凰曬翅散經絡 ······················ 87

第九章　五虎落西川岳家拳 ·············· 93

第十章　黃龍拳 ························· 129

第十一章　猴　拳 ······················ 151

第十二章　鷹拳（雛鷹展翅）··········· 182

一、請手勢 ··························· 182

二、鷹盤翅 ··························· 184

三、鷹壓翼 ··························· 186

四、鷹揮翼 ··························· 188

五、鷹壓枝 ··························· 189

六、鷹抓喉 ··························· 191

七、鷹推窗⋯⋯⋯⋯⋯⋯⋯⋯⋯ 191

八、鷹回身⋯⋯⋯⋯⋯⋯⋯⋯⋯ 192

九、鷹搋抹⋯⋯⋯⋯⋯⋯⋯⋯⋯ 194

十、鷹衝網⋯⋯⋯⋯⋯⋯⋯⋯⋯ 195

十一、鷹戲鼠⋯⋯⋯⋯⋯⋯⋯⋯ 196

十二、鷹旋身⋯⋯⋯⋯⋯⋯⋯⋯ 198

十三、鷹落沙⋯⋯⋯⋯⋯⋯⋯⋯ 199

十四、鷹轉身⋯⋯⋯⋯⋯⋯⋯⋯ 201

十五、鷹亮爪⋯⋯⋯⋯⋯⋯⋯⋯ 202

十六、鷹追虎⋯⋯⋯⋯⋯⋯⋯⋯ 203

十七、鷹抓食⋯⋯⋯⋯⋯⋯⋯⋯ 207

十八、鷹尋食⋯⋯⋯⋯⋯⋯⋯⋯ 209

十九、鷹敲雲⋯⋯⋯⋯⋯⋯⋯⋯ 211

二十、鷹戲爪⋯⋯⋯⋯⋯⋯⋯⋯ 213

二十一、鷹排雲⋯⋯⋯⋯⋯⋯⋯ 215

二十二、鷹歸巢⋯⋯⋯⋯⋯⋯⋯ 217

第十三章　打穴連環拳⋯⋯⋯⋯⋯⋯ 219

一、起拳勢⋯⋯⋯⋯⋯⋯⋯⋯⋯ 219

二、潑水勢⋯⋯⋯⋯⋯⋯⋯⋯⋯ 220

三、出洞勢⋯⋯⋯⋯⋯⋯⋯⋯⋯ 224

四、過江勢⋯⋯⋯⋯⋯⋯⋯⋯⋯ 225

五、連珠勢…………………………… 227

六、單貫勢…………………………… 228

七、撲面勢…………………………… 229

八、搜襠勢…………………………… 230

九、倒撞勢…………………………… 232

十、朝陽勢…………………………… 233

十一、拱月勢………………………… 234

十二、鎖喉勢………………………… 236

十三、回馬勢………………………… 237

十四、插劍勢………………………… 238

十五、敬酒勢………………………… 239

十六、出水勢………………………… 241

十七、雙貫勢………………………… 242

十八、展翅勢………………………… 243

十九、衝突勢………………………… 244

二十、閉門勢………………………………… 246

二十一、出洞勢……………………………… 246

二十二、挑斬勢……………………………… 247

二十三、劍指勢……………………………… 248

二十四、連炮勢……………………………… 250

二十五、獨立勢……………………………… 253

二十六、收拳勢……………………………… 254

第一章

立正行禮勢

　　立正，須胸挺股直，兩足併攏；兩臂靠身直垂，手與臂成直角，手心向下，指尖向前；兩目併視，飽蓄怒意，所謂虎威是也。（圖1-1）

　　左足先進一步，右足收攏，立定；雙手掌心反轉向前，手腕拘攏。（圖1-2）

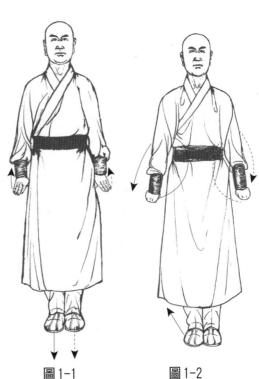

圖1-1　　　　　圖1-2

四指從腋下向後
鑽過放下，兩臂伸直
靠身，四指向後做一
個摘手，即挖摘手；
右足退後伸直，作左
箭馬。（圖1-3）

圖1-3

雙手向前往上、
左右分開、放下做全
繞形，乘勢右手握
拳，抵住左手掌心。
（圖1-4）

圖1-4

圖1-5

圖1-5附

左手四指向前連拳送出，
雙肘屈；同時，左足收攏，左
吊馬，即老虎磨牙。（圖1-5）

雙手放下，左右分開；左
足向左踏出，右足向左收攏，
立定。雙手掌心反轉向下，兩
臂靠身，向下伸直。（圖1-6）

圖1-6

第二章

擺　馬　勢

擺馬，俗稱馬步。習拳必須下此功夫，腳步始能穩實，不致浮鬆。

其勢分述於下。

一、平　馬

立正，兩拳握緊，臂膊由身側猛向上提，手心向上，拳輪向內。兩拳靠住腰間，適與腰齊，護腰勿移，即雙拳護腰，胸挺腰直。兩眼向前平視。（圖2-1）

圖2-1

左足向左跨開，兩
腳尖勿裏勾，宜稍外
撇，相距約自己三腳之
長（須從兩足裏面計
算），兩腿猛向下，大
腿平膝。（圖2-2）

二、箭 馬

分左、右箭馬。

(一)左箭馬

立正，兩拳護腰，
如前勢。（圖2-3）

勿移右腳，左足上
前橫踏，二腳相距同
前，腳尖向右，左腿向
下彎，右腿踹直，兩腳
恰如丁字形，胸挺前
視。（圖2-4）

(二)右箭馬

立正，兩拳護腰如
前勢。（圖2-5）

圖2-2

圖2-3

勿移左腳，右足
上前橫踏，兩腳相距
同前，腳尖向左，右
腿向下彎，左腿踹
直，兩腳恰如丁字
形，胸挺前視。（圖
2-6）

圖 2-4

圖 2-5

圖 2-6

三、吊 馬

分左、右吊馬。

(一)左吊馬

左吊馬，即躲法。

立正，雙手護腰如前勢。（圖2-7）

左腳稍向前踏，左腳尖著地，腳跟提起；兩腿猛向下彎，膝蓋左高右低，胸挺前視。（圖2-8）

圖2-7

圖2-8

(二)右吊馬

右吊馬,即躲法。

立正,雙拳護腰如前勢。（圖2-9）

右腳稍向前踏,兩腳相距同前,右腳尖著地,腳跟提起;兩腿猛向下彎,膝蓋右高左低,胸挺前視。
（圖2-10）

圖2-9

圖2-10

四、夾 馬

分左、右夾馬。

(一)左夾馬

左夾馬，即避法。

立正，雙拳護腰。（圖2-11）

左腳上前橫踏，兩腳相距離與平箭馬同，腳尖向右，將腰踹直，右腿猛向下彎，兩膝靠近，胸挺前視。（圖2-12）

圖2-11

圖2-12

（二）右夾馬

右夾馬，即避法。

立正，雙拳護腰。（圖2-13）

右腳上前橫踏，距離同前，腳尖向左，將腿蹦直，左腿猛向下彎，兩膝靠近，胸挺前視。（圖2-14）

注意：吊馬夾馬其重點，須聚一腳。例如，左（右）吊馬夾馬重點，在右（左）方，可預備活用。

圖2-13　　　　　　　　　　圖2-14

五、達摩拳擺馬勢

據上述擺馬勢，概為外家所用，而達摩師內家氣功馬勢，唯一平馬，而無箭馬、吊馬、夾馬。

茲將其擺馬勢列述於下，以備參考焉。

立正，兩腳稍向左右離開，成八字形；將氣吸入（須吸兩次，先如「喝」字音、次如「哼」字音，不可回出），納入丹田，小腹吸進，兩臀紮緊，雙肩卸下，兩肘靠近腰間；朝陽手（即虎爪手，兩手離開約一尺許，1尺≈33.33公分，1寸≈3.33公分。）手心相對，脈息相對，怒目而視，離口露齒。

右腳踏開平馬，再用氣灌足丹田（仍用「哼」字音）。至氣不能容納時，立起將氣（如「旭」字音）吹出，立正。

如能下此功夫，久之必能將外腎收納，而筋骨堅強，此謂之「吸陰卸肩」。（圖2-15）

圖2-15

六、蛇音虎法

氣功尚有所謂吐納五音者，其音與蛇相似。先用「喝」字音起首，後用五音，即「哼」「旭」「斯」「餘」「匣」五音是也。

斯五音者，「喝」「哼」「斯」「餘」為吞音，「旭」「匣」為吐音，合前擺馬勢，謂之「蛇音虎法」。

第三章

腳 步 法

一、前墊步

前墊步，即跳
法。

右腳稍向下彎，
左腳向右跨過，右腳
踹直，兩腿交叉靠
住，兩足約距尺許；
再用右腳向右踏出，
立定，與左足成平
行，曰左腳前墊步。
反之曰右腳前墊步。
（圖3-1～圖3-4）

圖3-1

025

圖3-2

圖3-3

圖3-4

二、後墊步

後墊步，即退步。

右腳稍向下彎，左腳從右腳後向右踏出踹直，兩腿交叉靠住，兩足約距尺許；再用右腳向右跨過左腳，立定，與左足成平行，曰左足後墊步。反之曰右足後墊步。（圖3-5～圖3-8）

圖3-5

圖3-6

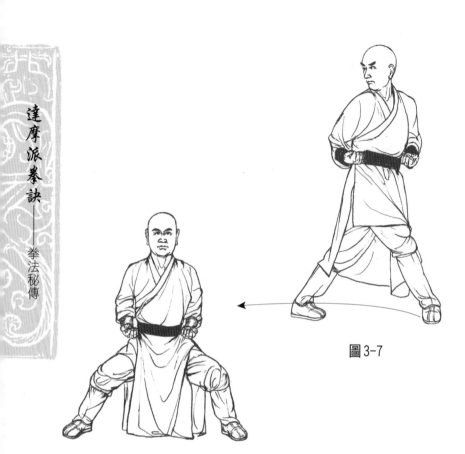

圖 3-7

圖 3-8

三、跌 步

跌步，俗名地箭步，即坐法。

立正。左足向左旋轉，足尖向左著地伸直，足腕拘攏，同時，右足提起，足尖向左，從左足膝後用足底向左打出。左足拘攏，膝屈，臀坐地，雙手向前放下，曰左跌步。（圖3-9～圖3-11）

圖3-9　　　　　　　圖3-10

圖3-11

反之曰右跌步。

自身跌倒時，可用此法，左足拘敵人足後跟，
用右足底打膝身臥地。

四、挖沙步

挖沙步，即走法。

立正，雙手靠腰。掌心向前，雙膝屈，足後跟提起，頭向左轉。雙目看後，向前走時，足尖向後著地挖起，用足底往上打。（圖3-12～圖3-16）

圖3-12

圖3-13

圖3-14

用此法分南、北方，如南地用足底向後打睪丸同膝；如北地用足尖著地挖沙飛目。

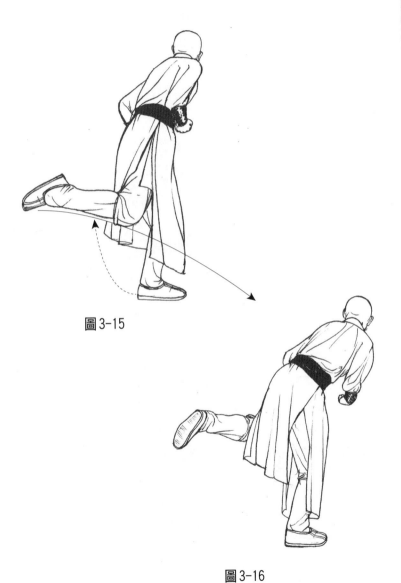

圖3-15

圖3-16

五、插地龍

　　右腿猛向下蹲，臀與腳跟碰住；左腿向左伸直；兩足跟不得離地，曰左插地龍。反之曰右插地龍。（圖3-17、圖3-18）

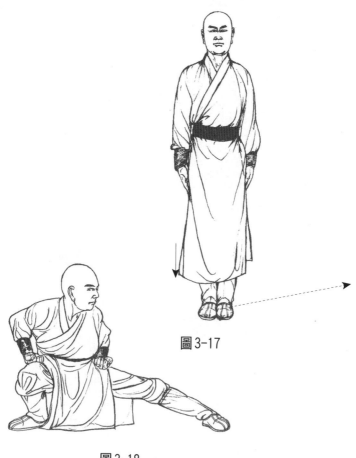

圖3-17

圖3-18

六、雙眠步

雙眠步，即屈法，俗名猴子翻身。

立正，雙手靠腰，掌心向前。左足向左踏出平馬勢。乘勢雙膝向內連臀放地，足底向外，身向後眠地，用手肘著地。將身拗起時，連膝提起，作平馬勢。左足收攏立定。（圖3-19～圖3-23）

圖3-19

圖3-20

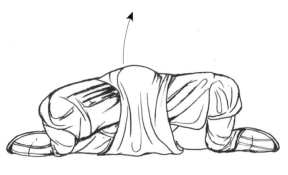

圖 3-21

圖 3-22

圖 3-23

七、右眠步

右眠步，即跪法，俗名躲避法。

立正，雙手靠腰，掌心向前；左足向左踏出平馬勢；乘勢右足向內眠地，足底向外，右手掀在地上左足旁，雙目右看。左眠步與上相同。（圖3-24～圖3-26）

圖3-24

圖3-25

圖3-26

第四章

拳手握勢

習拳必須知拳手之握法，否則擊敵時，不唯無力，且易受傷者也。茲述各種拳勢如下。

一、虎爪拳

四指（食指、中指、無名指、小指）第一二節屈曲，第三節與手背平行，拇指屈向掌心，在四指之下（須在四指外面，不可在四指之內）。擊敵時脈息向下。（圖4-1）

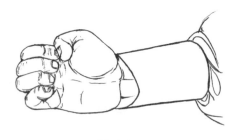

圖4-1

二、柳 拳

四指屈向掌心，拳面平直（即四指第三節與手背成直角），拇指屈向四指之下（在四指外面）。（圖4-2）

圖4-2

三、箭 拳

箭馬勢同方向，以拳平行直擊也。拳擊出時，須肘、拳三穴齊對，脈息向內。（圖4-3）

圖4-3

四、衝 拳

屈肘以拳自下擊上，至與頭成平行，約距尺許，脈息向左。（圖 4-4）

五、捰 拳

雙拳交叉胸前，左內右外之謂也。（圖 4-5）

六、腰 拳

左拳自右腋窩下向右擊出也。（圖 4-6）

圖 4-4

圖 4-5

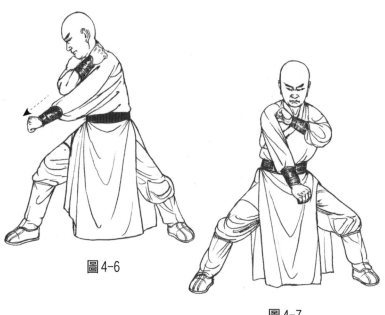

圖 4-6

圖 4-7

七、抖肚拳

以拳自上向下擊也。離開己
小腹一尺，脈息向內。（圖
4-7）

八、雙龍入海

俗名斗拳。

離自己頭前一尺，脈息向
下，以拳合擊也，兩肘屈。（圖
4-8）

圖 4-8

九、雙　拳

用箭馬，雙拳併擊也。（圖4-9）

十、十字拳

箭馬，兩拳對合胸前（脈息向下），向下從左右擊出也，恰如十字，故名。（圖4-10）

圖4-9

圖4-10

十一、換　拳

用時必與登肘相連，即登肘後，順勢轉上向上換擊也。擊時脈息向上。（圖4-11、圖4-12）

圖4-11

圖4-12

十二、一字拳

俗名扁擔拳。

即兩拳對合胸前，脈息向下，從上向左右換擊也。擊時脈息向上。（圖4-13、圖4-14）

圖4-13

圖4-14

十三、挑　拳

屈肘，肘靠腰間，用拳自下向上挑擊也。左拳挑擊者，曰左挑拳；右拳挑擊者，曰右挑拳。（圖4-15、圖4-16）

圖4-15

圖4-16

十四、沖天拳

右拳自下向上直擊也，高出頭部，脈息向左。
（圖4-17、圖4-18）

圖4-17

圖4-18

第五章

手 勢

手拳握法，前已詳述。茲將其各種手勢分解如下。

一、虎爪手

小指屈緊，無名指半屈，食指、中指伸直，拇指屈向掌心，使掌棱近手腕變梗。凡點穴時，必用此手。（圖5-1）

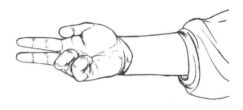

圖5-1

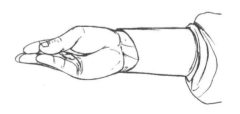

圖5-2

二、苗葉手

四指伸直向內捲迭，拇指屈向掌心（注意，若向手心捲迭，則成拳形，非苗葉手也）。（圖5-2）

注意：通常拳勢，均用苗葉手、柳拳；唯達摩師內家氣功拳勢，方用虎爪手及虎爪拳。

三、捎 拳

略稱捎，即以手自左右向上掠也。其以左手向左掠者，曰左捎手；右手向右掠者，曰右捎手。（圖5-3～圖5-5）

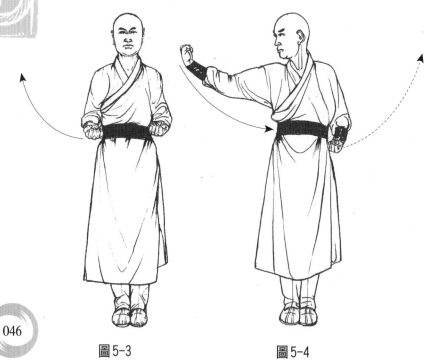

圖5-3　　　　　　　　圖5-4

圖5-5

圖5-6

圖5-7

四、扎 手

略稱扎手，手指向下，以手自胸前向左右鈎也。
其以左手向左鈎者，曰左扎手；右手向右鈎者，曰右
扎手；左右手向左右鈎者，曰雙扎手。（圖5-6～圖
5-10）

圖 5-8

圖 5-9

圖 5-10

五、抄　手

　　略稱抄，以手抄
上也。其以左手從左
自下向右抄上者，曰
左抄手；右手從右自
下向左抄上者，曰右
抄手。（圖5-11～圖
5-14）

圖5-11

圖5-12

圖5-13

圖5-14

圖5-15

圖5-16

六、挄 手

以兩手左外右內交叉胸前，與胸稍離，有雙手交叉及拳手交叉（左手右拳，須左內右外）之二種。（圖5-15、圖5-16）

七、分 手

以兩手交叉（左外右內）自下上舉，至眉齊向左右分開，至肩臂成平行（指尖向前，手心向外，下放）。（圖5-17～圖5-19）

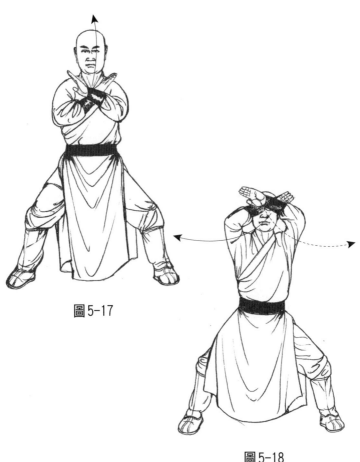

圖5-17

圖5-18

圖5-19

八、揚 手

兩手對合胸前（脈息向上、指尖向前），將手反轉，從左右平分至肩臂成平行（指尖向前，手心向下，下放）。（圖5-20、圖5-21）

再分手、揚手相連，則兩手交叉向上分開，從左右向下作環形；至胸前對合（脈息向上），將手反轉；從左右平分，至肩臂成平行。

圖 5-20

圖 5-21

九、探 手

以手自他腋前向臂下削出也。其以左手向右臂下
削出者，曰左探手；反之曰右探手。又有挖手者，其
理與探手同。（圖5-22～圖5-25）

圖5-22

圖5-23

圖 5-24

圖 5-25

十、插 手

以手指向前或向下插也，插時必須將臂伸直，用虎爪手，以插敵之胸肚。其以單手插者，曰單插手；雙插手者，曰雙插手。（圖5-26、圖5-27）

圖5-26

圖5-27

十一、雙削手

兩手自上向自己腰剁削也。（圖5-28）

圖5-28

圖5-28附

十二、三切手

以掌棱擊敵也。有平橫擊，及直擊者；有自上向下擊，及自下向上擊者。

其以左手切者，曰左切手；右手切者，曰右切手；兩手切手，曰雙切手。（圖5-29）

圖5-29

第六章

腿 勢

腿名雖多，不外橫腿、踢腿、飛腿、串心腿，餘均以此變化而來。

一、橫 腿

右足向自己陰部勾進，碰住左大腿，向前踢直，用足向外側擊打者，曰右橫腿。反之曰左橫腿。

（圖6-1～6-4）

圖6-1

圖6-2　　　　　　　　　　　　圖6-3

圖6-4

二、踢 腿

　　右腳向前直踢，用腳尖打擊者，曰右踢腿。反之曰左踢腿。（圖6-5、圖6-6）

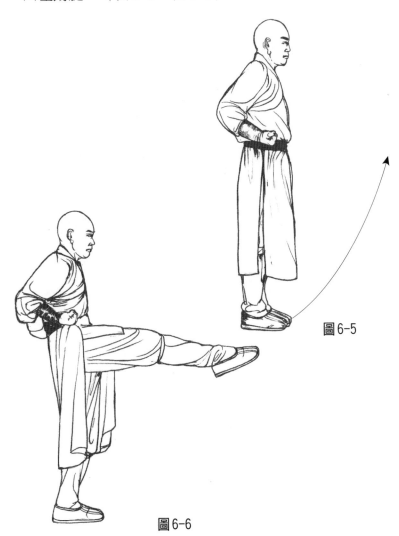

圖6-5

圖6-6

三、飛 腿

　　左腳自右踢上，以左或右手手心打腳面內側，將
腳向左橫踢，用腳面內側擊敵者，曰右飛腿。反之曰
左飛腿。（圖6-7、圖 6-8）

圖6-7

圖6-8

四、串心腿

右腿彎曲上提，腳底向外，向前直踢，以腳底擊打之謂。（圖6-9～圖6-11）

圖6-9

圖6-10

圖6-11

第七章

肘　勢

　　擊敵之時，固用拳腿，然肘亦可用之。茲述如下。

一、登　肘

　　右拳緊靠胸部正中，左手固握右拳，用肘向右聳出，與肩成水平。（圖7-1、圖7-2）

圖7-1

圖7-2

二、鼇 肘

　　右手反轉撐腰，指尖向後，手腕向前，以肘前擊，同時，須以左手搭右臂，曰右鼇肘。反之曰左鼇肘。（圖7-3）

圖7-3

三、背 肘

如登肘勢，自下向上
聳擊也。（圖7-4）

四、印 肘

屈臂兩拳併置近肩
處，用肘自下向前聳擊
也。（圖7-5、圖7-6）

圖7-4

圖7-5

圖7-6

第八章

剛 柔 法

剛柔法即「易筋經」。剛柔者，為強健身心、活動筋骨之妙法也。

各節內容，皆有益於身體之動作，無論常人與專門體育者，皆可練習；一月之久，有效禦敵，實最佳之動作也。

一、分開雲霧望青天

【練法】

立正。（圖8-1）

兩手脈門交叉，左手外，右手內；兩足跟提起。（圖8-2）

圖8-1

067

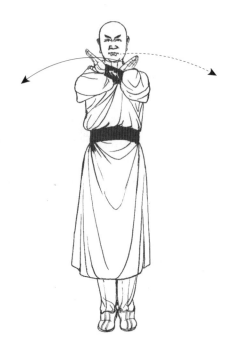

圖 8-2

雙手左右
分開，做一個
全繞形。（圖
8-3）

圖 8-3

圖8-4

圖8-5

雙手向下放在左右大腿旁，雙足後跟放地。（圖
8-4）

如此連做三次。

二、斜風細雨用暗箭

用內功姿勢虎爪手做慢動作。

【練法】

立正。（圖8-5）

左足向左跨開一尺；雙手靠腰，掌心向前。（圖 8-6）

雙手掌心反轉，向下伸直，放在左右大腿外，同時，用「哼」字音。（圖8-7）

雙手掌心反轉，托上胸部。（圖8-8）

圖8-6

圖8-7

圖8-8

再向內反轉，掌心向下，雙手向前平穿，用「斯」字音。（圖8-9）

雙手左右放於大腿外。（圖8-10）

如此連做三手，左足收回，立定。（圖8-11）

圖8-9

圖8-10

圖8-11

三、磨掌擦拳刺敵人

用內功之勢虎爪手做慢動作。

【練法】

立正。（圖8-12）

雙手靠腰，掌心向前。（圖8-13）

圖8-12

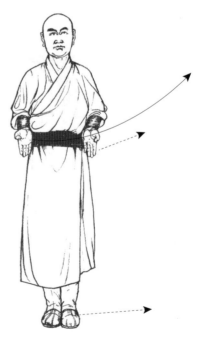

圖8-13

左足向左踏出平馬，身向左轉；右手掌心反轉向下，與左手掌心磨過，右手掌心向前伸直，同時，用「哼」字訣。（圖8-14）

　　右掌握拳，拳心向上收回，臂膀靠腰，再用「哼」字訣。（圖8-15）

圖8-14

圖8-15

左手掌心反轉向下，磨過右手掌心，左手掌心向
前伸直。（圖8-16）

掌心向上收回，兩掌臂膀靠腰。（圖8-17）

圖8-16

圖8-17

如此連做四手，左足收回立定。（圖8-18）

雙手左右向下放於大腿旁，再提起雙手靠腰，掌心向前；右足向右踏出平馬，身向右轉。與上相同，再做四手。

圖8-18

四、撩印擦心練筋骨

用內功之勢虎爪手慢動作。

【練法】

立正。（圖8-19）

兩手靠腰，掌心向前。（圖8-20）

圖8-19

圖8-20

左足向左踏出平馬；右手向前、從下向上平伸，掌心向上，五指拘攏，成虎爪手，用「哼」字訣。（圖8-21）

收回臂膀靠腰。（圖8-22）

圖8-21

圖8-22

左手向前、從下向上平伸，掌心向上，五指拘
攏，成虎爪手，用「哼」字訣。（圖8-23）

收回臂膀靠腰，用「旭」字音。（圖8-24）

圖8-23

圖8-24

雙手四指向內反轉，掌心向下，四指向前直穿，
用「斯」字訣。（圖8-25）

雙手放於大腿外。（圖8-26）

圖8-25

圖8-26

左手提起靠腰，掌心向前；右手向右、從下向上平伸，掌心向上，五指拘攏，成虎爪拳，用「哼」字音。（圖8-27）

收回，脈門反轉，向下、向右直打，用「哼」字音。（圖8-28）

圖8-27

圖8-28

收回，臂膀靠腰。（圖8-29）

左手向左、從下向上平伸，掌心向上，五指拘
攏，成虎爪拳，用「哼」字音。（圖8-30）

圖8-29

圖8-30

收回，脈門反轉向下，向左直打。（圖8-31）

用「哼」字音，收回，臂膀靠腰。（圖8-32）

雙手向上、放下，再提起靠腰。與上相同，再做一次，左足收回，立定。（圖8-33）

圖8-31

圖8-32

圖8-33

圖8-34

五、行者挑擔練精神

內功之勢做慢動作。

【練法】

立正。（圖8-34）

雙手提起胸部，脈門前後交叉，左在外，右在內。（圖8-35）

　　左足向右踏出平馬，足尖向左，同時，雙手放下，向左右分開。（圖8-36）

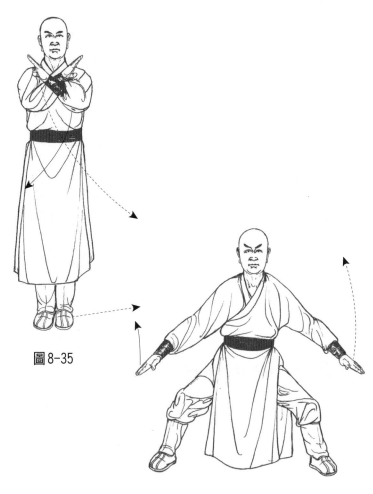

圖8-35

圖8-36

左手向左、從下向上平伸，掌心向下，四指伸直；右手向右從下斜伸，成三十度角；用「旭」字音。（圖8-37）

　　同時，雙手手腕向上拗轉，掌心向外，用「哼」字音。（圖8-38）

圖8-37

圖8-38

左手掌心向裏反轉收回，臂膀靠腰。（圖8-39）

左足收回，立定。（圖8-40）

雙手放下；右足向右踏出平馬，足尖向右。與上相同，連做兩次，合併四次。

圖 8-39

圖 8-40

六、鳳凰曬翅散經絡

做外功之勢用活手法。

【練法】

立正。（圖8-41）

雙手靠腰，左足向左踏出左箭馬，身向左轉。

（圖8-42）

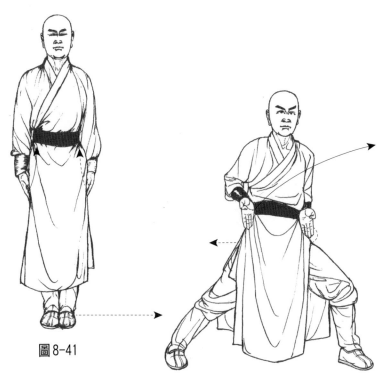

圖8-41

圖8-42

　　同時，右手從下向上過左手腋下，掌心向前伸直；左手向下往後伸直，手腕拘攏，做一個摘手；用「旭」字音。（圖8-43）

　　身向右轉，同時，雙足旋轉，成右箭馬。乘勢左手從下向上過右手腋下，掌心向前伸直，同時，右手向下往後伸直，手腕拘攏，做一個摘手；用「旭」字訣。（圖8-44）

　　左足收回，立定；雙手放下。（圖8-45）

　　再提起插腰，四指前，拇指後；右足提起，向前平伸。（圖8-46）

圖8-43

圖 8-44

圖 8-45

圖 8-46

右足底向前放下，左足提起向前平伸。（圖
8-47）

左足底向前放下，立定。雙手伸上，掌心向天，
身向後拗。（圖8-48）

圖8-47

圖8-48

回轉，身向前屈，雙手做半繞形，掌心撳
（qin）地。（圖8-49）

回起，雙手做半月形，伸上，掌心向天；雙足跟
提起。（圖8-50）

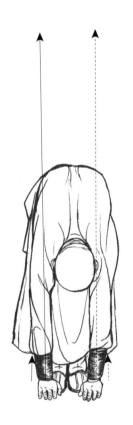

圖8-49

圖8-50

雙手向左右放下插腰，立定。（圖8-51）

踏步三十秒止。

圖 8-51

第九章

五虎落西川岳家拳

是拳為外家拳法，手法活潑，自有一二驚人之處。練純此法，必顯高妙。

【練法】

立正。（圖9-1）

圖9-1

左足先進一步，右足收攏立定；雙手靠腰，脈門向上。（圖9-2）

右手自下從右向上平伸，掌心朝外。（圖9-3）

圖9-2

圖9-3

左手從右手下向左伸直，指尖朝上；同時，右手
收攏至胸部。（圖9-4）

左手自下從右向上平伸，掌心朝外。（圖9-5）

圖9-4

圖9-5

右手從左手下向右平伸，指尖朝上；同時，左手收攏至胸部（即雙套手）。（圖9-6）

左拳靠腰，脈門向上；右拳收攏，向左邊屈肘。雙拳脈門相對，約離尺許（即和合）。（圖9-7）

圖9-6

圖9-7

左足向前踏出，作左箭馬，身向左轉；右手掌心朝外，五指散開，隨即，向前、往上、落下收攏，用掌向前直打（美人洗面，即單撲心）。（圖9-8）

圖9-8

左手從右手下向前削出平伸；同時，右手收攏靠腰。（圖9-9）

圖9-9

　　左足收攏，足尖向左橫踏，右足向前跨上作右箭馬，身向右轉；同時，右拳自下向前、往上打，屈肘，拳對鼻約離一尺。（圖9-10）

　　左手循拳打出，兩掌脈門交叉（即衝拳）。（圖9-11）

圖9-10

圖9-11

左足收攏，作左吊馬；身向後轉，左手向左削下。（圖9-12）

左足踏出左角作左箭馬，身向左轉；左手從右向左削轉靠腰（即左抄手）。（圖9-13）

圖9-12

圖9-13

右拳向前直打，右足收攏立定。（圖9-14）

左拳向前直打，右拳收攏靠腰，左足向前踏出作
左箭馬。（圖9-15）

圖9-14

圖9-15

身仍向左轉，
右拳向前直打，左
拳收攏靠腰。（圖
9-16）

依勢左手從右
手下向前削出（即
移步拉鑽拳）。
（圖9-17）

圖9-16

圖9-17

右足向右角出作右箭馬，身向右轉；右拳自下向前往上打，屈肘，拳離額約離尺許。（圖9-18）

左拳從右腋下向右打，右拳從左手裏自下打，稍向前。依勢左掌向右手邊削下（即連環拳）。（圖9-19～圖9-21）

圖9-18

圖9-19

圖9-20

圖9-21

作左箭馬，身向左轉；右拳背靠腰，屈肘，隨即，用肘向前打；左掌將右肘一搭（即押肘）。（圖9-22）

圖9-22

右足向左踏轉四十五度，歸正方，作右箭馬；身向右轉，用右拳背從左向前橫打。（圖9-23）

圖9-23

左掌循拳打出。（圖9-24）

右拳收攏，脈門向下，依勢再向前一拳；左手收回靠腰（即拉鑽手）。（圖9-25）

圖9-24

圖9-25

身向後轉，左足收攏，足尖向左橫踏；同時，右足向左著地掃轉後方。（圖9-26）

提起拘攏，用右足面向前、往上打；雙手脈門交叉。（圖9-27）

圖9-26

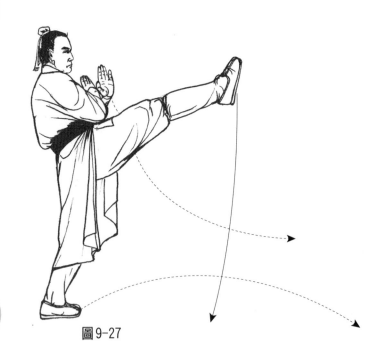

圖9-27

放下右足尖向右橫踏，左足從左向前著地掃轉。
（圖9-28）

提起拘攏，用左足面向前往上打；雙手脈門交
叉。（圖9-29）

圖9-28

圖9-29

放下作左箭馬，身向左轉（即磨盤腿）。（圖9-30）

用左摘手向前平伸，右拳向前直打。（圖9-31）

圖9-30

圖9-31

左手收回靠腰，右足尖向前、往上踢至拳外。
（圖9-32）

右足放下在左足邊（即握拳踢咽）；左足向前著
地伸直，足尖向右；雙手放地。（圖9-33）

圖9-32

圖9-33

依勢右手伸出於左足前握住。（圖9-34）

圖9-34

左掌循拳向右手下削出。（圖9-35）

圖9-35

右手收回，臂靠腰；同時，左足收回作左吊馬（插地龍，即判官脫靴）。（圖9-36）

左足旋轉，足尖向左橫踏，屈膝；雙手撳地在左足尖邊；右足向右伸直。（圖9-37）

圖9-36

圖9-37

右足向前著地掃轉左方，依勢左足旋轉。（圖
9-38）

右足收攏，立正（即烏風掃地）。（圖9-39）

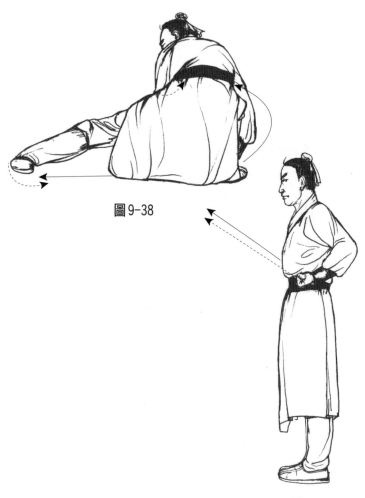

圖9-38

圖9-39

雙拳向前直打，脈門相對。（圖9-40）

右足從左足前向左跨過，連臀坐地；同時，雙手
向上、往左右分開，落下至胸前抱攏（即美人抱
裙）。（圖9-41）

圖9-40

圖9-41

雙手從左撤地。（圖9-42）

右足向前著地移轉右方，將雙手撤地在右足前。
（圖9-43）

圖9-42

圖9-43

左足向前著地掃轉右方。（圖9-44）

右足旋轉，左足收攏，立正（烏風掃地，即大佛坐殿）；同時，雙拳抵住，脈門向下。（圖9-45）

圖9-44

圖9-45

雙拳往上、向左右甩出，平伸，脈門向上（即扁
擔拳）。（圖9-46）

左拳收回靠腰，右足退於後方跪地，同時，右手
自下撤地（即霸王卸甲）。（圖9-47）

圖9-46

圖9-47

右足膝提起作平馬，右手靠腰，左拳向左直打。
（圖9-48）

圖9-48

左足向前跨上，足尖向左橫踏；依勢左手自下轉右、向上轉左平伸，指尖朝下，掌心向外；右足向前踏出作平馬。（圖9-49）

圖9-49

117

同時，右手自下向上伸直，掌心朝上，指尖向左；眼亦看左（即猛虎背野豬）。（圖9-50）

作左箭馬，身向左轉；右手向前落下至胸前，側轉，掌心朝上；同時，左手四指自下向裏反轉，掌心朝上，用四指從右掌上向前斜上穿出（即打花穿掌）。（圖9-51）

圖9-50

圖9-51

左足收回立定，雙拳向右直打。（圖9-52）

左足再向左踏出作左箭馬；雙拳自下向左斜上
打，肘稍屈，相離尺餘（即雙衝拳）。（圖9-53）

圖9-52

圖9-53

右足提起，用足面向右往上打。（圖9-54）

依勢右足拘攏，屈膝；雙掌向膝右邊削下。（圖
9-55）

圖9-54

圖9-55

右足放下，足尖向右橫踏，身向右側轉；左足提起，用足面向左往上打。（圖9-56）

放下左足，作左箭馬；身向左轉（即連環腿），雙拳向前直打。（圖9-57）

圖9-56

圖9-57

左足退後作右箭馬，身向右轉；同時，雙手向
上、往左右分開。（圖9-58）

雙掌收回胸前，向前直打（即雙捌心）。（圖
9-59）

圖9-58

圖9-59

作左箭馬，身向左轉；同時，左掌從右向左捎轉靠腰，右拳向前直打。（圖9-60）

右足向右踏出，作右箭馬，身向右轉；同時，右手從左向右捎轉靠腰，左掌向前直打。（圖9-61）

圖9-60

圖9-61

右拳背將左掌一搭，脈門須向上。（圖9-62）

左手四指向內，自下反轉，掌心向外，四指朝上；右拳脈門向下，從左手拇指食指之縫打出，平伸。（圖9-63）

圖9-62

圖9-63

左掌將右拳背一
搭；隨即放下（即美女
穿針拳）。（圖9-64、
圖9-65）

圖9-64

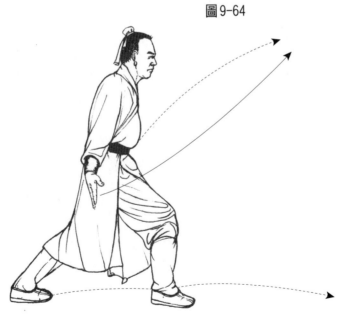

圖9-65

左足向前踏上一步，作左箭馬；身向左轉，雙拳
自下向上平齊合打（即虎眼拳），高與目平。（圖
9-66）

雙拳向上，往左右分開，落下。（圖9-67）

圖9-66

圖9-67

依勢右手握拳，脈門向下，抵住左手掌心。（圖9-68）

左手四指向前，連拳送出，肘稍屈；同時，左足收攏，作左吊馬（即行禮勢）。（圖9-69）

圖9-68

圖9-69

雙手放下，向左右分開。（圖9-70）

左足向左踏出一步，右足收攏，立正；雙手反轉
放下伸直，指尖向下。收勢。（圖9-71）

圖9-70

圖9-71

第十章

黃　龍　拳

　　拳術有上、中、下三盤。黃龍拳者，乃拳術中之下盤也，凡跌步、地箭、撩陰、鴛鴦腿、挖地磚、烏風掃地等用法，盡在其中。此法之妙，在能以弱勝強、以少敵眾，學者能操練精熟，自可神奇變化，遇敵不難取勝矣。

【練法】

　　立正；雙臂靠身，向下伸直，四指向前。（圖10-1）

圖10-1

左足先進一步，右足收攏，立定；雙拳提起靠腰，脈門向上。（圖10-2）

右拳從右伸上向左打，屈肘，脈門向外，對鼻，約離尺許。（圖10-3）

圖10-2

圖10-3

將右拳放下，靠腰；左拳從左伸上向右打，屈肘，脈門向外。（圖10-4）

將左拳靠腰（雙和合，即龍角拳）；右手自下轉左、向上轉右，靠腰。（圖10-5）

圖10-4

圖10-5

左足向前踏上一步，足尖向左；同時，左手自下
轉右、向上轉左，靠腰。（圖10-6）

右足向前，踏上一步，作平馬；右掌向右打出，
指尖向前（即鳳尾手）。（圖10-7）

圖10-6

圖10-7

作左箭馬；右手背靠腰，指尖向後。（圖10-8）

用右肘向前打；左手掌，將右臂一搭（即捌肘）。（圖10-9）

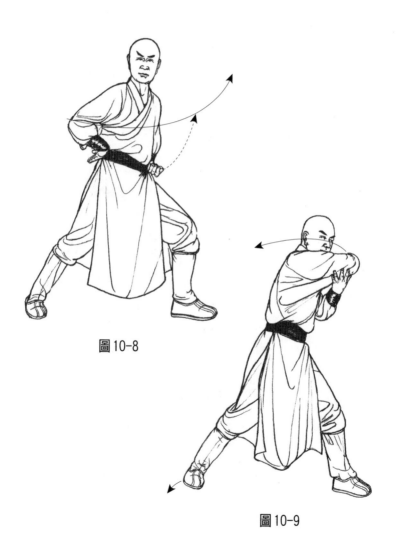

圖10-8

圖10-9

　　右足向右跨上，作右箭馬，身向右轉；同時，右拳背從左向右橫打；依勢左手掌從下抵住右手脈門後，指尖向上（即劈拳）。（圖10-10）

　　右足旋轉，足尖向右橫踏，屈膝；雙手撳地；將左足向左伸直。（圖10-11）

圖10-10

圖10-11

依勢左足向前著地，掃過右方收攏，立正（即烏風掃地）。（圖10-12）

右拳伸上直打。（圖10-13）

圖10-12

圖10-13

即刻放落，臂膀靠腰，兩拳頭平肩（即龍頭出現）；右足從左後向左踏過，兩腿交叉，約離尺許。（圖10-14）

圖10-14

左手拇指、食指做一圈，自下向上一套，臂膀靠腰；依勢左足向左跨出，作左箭馬；身向左轉，右手用四指向左手上插下（後墊步，即金童偷酒）。（圖10-15）

身向右轉，作右箭馬；雙拳交叉，自下向右，往前斜上叉起（即黃龍獻角）。（圖10-16）

圖10-15

圖10-16

左足尖前踢。
（圖10-17）

左足膝不放
下，依勢足腕勾
攏，連身向後旋
轉；右足提起，用
足底向左足膝後打
出。（圖10-18）

圖10-17

圖10-18

達摩派拳訣——拳法秘傳

伸直時，左足膝屈，臀部坐地。隨即，雙手向前撤地（左足跌步，即地箭），即刻將身從左臥地，用右足背向右勾轉。（圖10-19）

連身側轉，右手亦向右撤地，用左足底向上打。（圖10-20）

圖 10-19

圖 10-20

依勢用左足背向左勾轉，連身側轉，右手亦向左撤地，用右足底向上打。（圖 10-21）

放下伸直，將身拗起，成坐勢；左手向上伸直一拳，脈門向右。（圖 10-22）

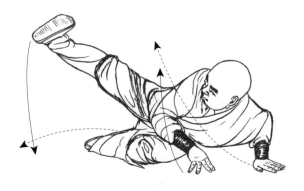

圖 10-21

圖 10-22

變手依勢削下（即鯉魚仰頭）。（圖10-23）

兩足起成右跪馬；同時，身體翻轉；左手握拳一收，右拳反背向右前打出（即撩陰手）。（圖10-24）

圖10-23

圖10-24

右足收攏，左足後退，作平馬；左手拉攏，右手一收再向右一拳（跌步，即鴛鴦腿）。（圖10-25）

身向左轉，作左箭馬；同時，右手向左，用掌心向前打出平伸（即劈胸）。（圖10-26）

圖10-25

圖10-26

左手從右手下向前伸出，四指朝上；右拳收攏靠腰；依勢左足收攏，作左吊馬（即脫手躲避）。（圖10-27）

左足向前踏上一步，乘勢用右足足尖前踢。（圖10-28）

圖 10-27

圖 10-28

依勢左足提起，足尖向右，用足底向右足膝後打出。（圖 10-29）

右足屈膝，連臀坐地，同時，雙手向前撤地（右足跌步，即地箭）。即刻用左足背向左勾轉。（圖 10-30）

圖 10-29

圖 10-30

連身側轉，用左足底向上打。（圖10-31）

放下伸直，將身拗起（成坐勢）；右手向上伸直
一拳。（圖10-32）

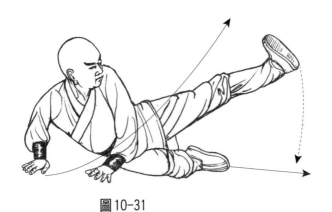

圖10-31

圖10-32

脈門向左，邊收依勢削下（即鯉魚仰頭）。（圖
10-33）

兩足起成左跪馬；同時，右手握拳一收，左拳向
前上反轉打出（即撩陰手）。（圖10-34）

圖10-33

圖10-34

左足收攏，右足提起後退，作平馬。左手一收再向左一拳（右跌步，即鴛鴦腿）。（圖10-35）

圖10-35

　　左足旋轉，足尖向左橫踏，右足向前著地，掃轉作夾馬勢；同時，雙手自下轉上、轉左，從右橫掠（即打花掃）。（圖10-36）

圖10-36

右足向左足前跳出一步，左足趕先跳上一步；同時，左手向左捎過，靠腰；作左箭馬，右手向前一拳。（圖 10-37）

　　收攏，臂膀靠腰，變成平馬；左手向左一拳。（圖 10-38）

圖 10-37

圖 10-38

收攏，臂膀靠腰；再作左箭馬，右手再向前一拳
（即牽鑽拳）。（圖10-39）

左手從右手下向前伸出，指尖朝上；右拳收攏，
臂膀靠腰；同時，左足收攏，作左吊馬（即探手躲
步）。（圖10-40）

圖10-39

圖10-40

左足收攏，立定；左手變拳，靠腰，脈門向上。
（圖 10-41）

右拳從下向上、向左打，脈門向外，屈肘（即單
和合）。（圖 10-42）

兩手放下，靠身，四指向前，收勢。（圖 10-43）

圖 10-41

圖 10-42

圖 10-43

第十一章

猴　拳

俗語說「上打眉目天庭，下打腹部摘陰；縱跳如飛攻敵人，躲避閃縮要小心」，即指猴拳而言。

故猴拳，與普通拳法不同，只在乎拳法靈敏，不在乎拳打運氣，乃專用毒手以點睛、摘陰者。

茲將種種巧手名稱，略有解注，可使閱者一目了然。

【練法】

立正。（圖11-1）

圖11-1

左足向左踏出一步，雙手靠腰，掌心向前。（圖11-2）

左足向前，足尖向左橫踏，右足向前跨出，作右吊馬；右手握拳，脈息向下，抵住左手掌心；左手四指向前連拳送出，兩肘屈（用「哼」字音，即猴子行禮）。（圖11-3）

圖11-2

圖11-3

雙手放下，向左右分開，掌心向前（用「旭」字音）。（圖11-4）

右足向右踏出，左足收攏作左吊馬；身向左轉，兩手（右手先向左）自下從左向上、轉右落下做繞形，變成摘手對膝。（圖11-5）

圖11-4

圖11-5

右扎手提起平額（打花接桃），左摘手下勾護襠；右足向右踏出，作平馬。（圖11-6）

兩手用四指向左右方插出，掌心向前，肘稍屈（用「餘」字音，再用「旭」字音，即猴子挑擔）。（圖11-7）

圖11-6

圖11-7

雙手連頭放地向前，用筋斗翻出。（圖11-8）

左足勾攏，墊在臀下，右足伸直；右手掌心向外
伸前握住（用「餘」字音）。（圖11-9）

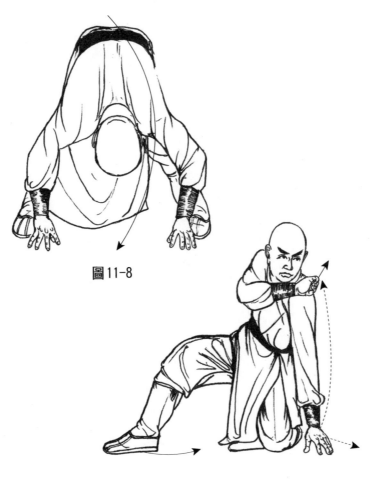

圖11-8

圖11-9

將左足提起向左踏出，作平馬；左手四指向前直插。（圖11-10）

收回兩臂靠腰（猴子出洞），右足收攏作右吊馬。（圖11-11）

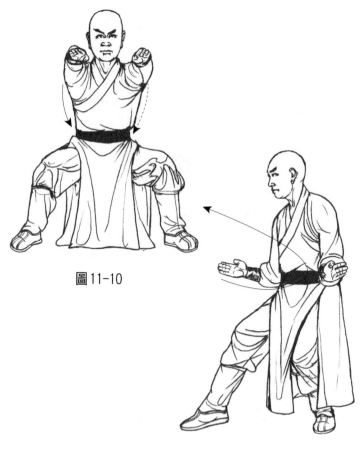

圖11-10

圖11-11

作一右摘手，隨即從左向右用拳打出，臂膀平
肩。（圖11-12）

右足向右踏出，右臂靠腰，左足收攏，作左吊
馬；復做一左扎手，從右向左用指尖打出，隨即屈
肘，臂腰平肩（金雞啄腦）。（圖11-13）

圖11-12

圖11-13

左足向左踏出，作平馬；同時，右手繞左手旁用雙扎手向左右扎開。隨即屈肘，兩臂靠腰（用「哼」字音）。（圖11-14、圖11-15）

圖11-14

圖11-15

即將雙膝向內放下，連身向後眠地。（圖
11-16）

用手肘著地一蹬，將身拗起，連膝提起，作平
馬；同時，雙手向前斜上握住（用「餘」字音）。
（圖11-17）

圖11-16

圖11-17

依勢將雙手換出，向左右分開，掌心向前。（圖11-18）

兩臂靠腰（猴子翻身）。（圖11-19）

圖11-18

圖11-19

左足向前跳出一步，依勢右足趕上一步，即將左膝跪地；右手伸前握住。（圖11-20）

左手用四指循拳插出，右臂靠腰（猴子摘桃）。（圖11-21）

圖11-20

圖11-21

左膝提起，依勢右膝向左跪倒（第二猴子落山）。（圖 11-22）

用左摘手自下轉，左指尖向左；右手自下向左抄上平額（即猴子海底撈月）。（圖 11-23）

圖 11-22　　　　　　　　圖 11-23

右手繞左手旁，用雙摘手向左右摘開。（圖 11-24）

左足提起向前跳出一步，右足依勢趕先跳出一步，即將左足向上飛起，右足繼起；左足放在右足步位，用右足底向前直打。（圖 11-25）

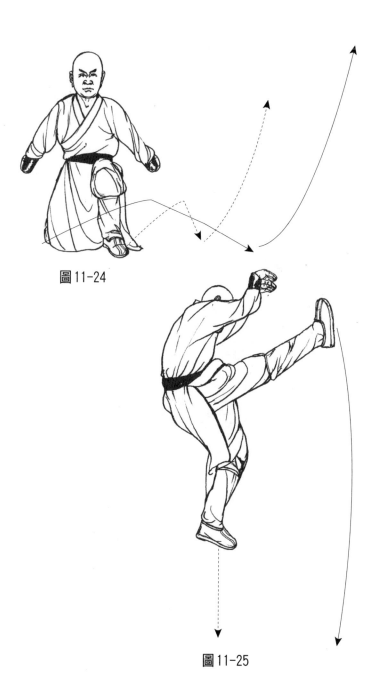

圖11-24

圖11-25

放下作右箭馬（即穿腿）。（圖11-26）

做雙摘手，向前斜上用指尖打出（猴子摘燈）。
（圖11-27）

圖11-26

圖11-27

即將左足提起勾攏，屈膝，連左臂放地；右足盤屈，身向右轉（跌步即坐法），右手向外伸直握住（用「餘」字音，即猴子偷桃）。（圖11-28）

將左足提起，向左前橫踏；右膝作臥勢；左手從上放下搭右手掌（猴子劈桃）。（圖11-29）

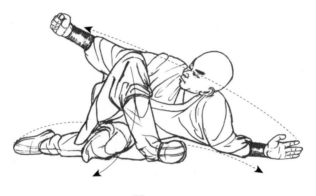

圖11-28

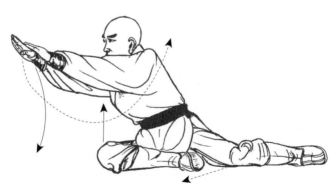

圖11-29

右膝提起，同時，左膝向右跪地，身亦向右；用右扎手自下轉，右指尖亦向右；左手向下、向前抄上平額（即海底撈月）。（圖11-30）

兩掌向地下一搭（即挖金磚）。（圖11-31）

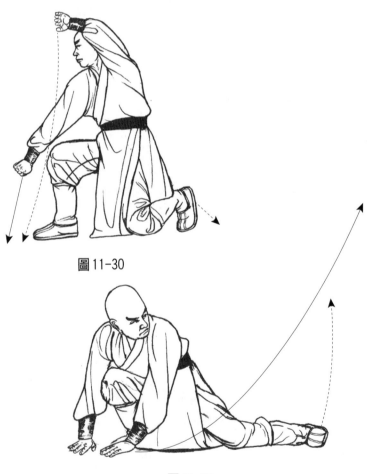

圖11-30

圖11-31

即刻身向後轉，依勢左足向後，往上飛起，右足繼起；左足放在右足步位，右足向上飛起。同時，左手掌搭右足邊。（圖11-32）

圖11-32

右足放下，在左足邊；左足退後，作平馬（飛腿旋風）。兩臂靠腰。（圖11-33）

雙手各用四指向左右方插出，掌心向下，肘稍屈（用「餘」字音，即猴子挑擔）。（圖11-34）

圖 11-33

圖 11-34

身向左轉，依勢左足向左往上飛起，右足繼起；左足放在右足步位，右足向上飛起。同時，左手掌搭右足邊。（圖11-35）

圖11-35

右足放下，在左足邊；左足退後作平馬（飛腿旋風）。（圖11-36）

圖11-36

圖11-37

雙手各用四指向左右方插出，掌心向下，肘稍屈（用「餘」字音，即猴子挑擔）；身向左轉，作平馬。（圖11-37）

用雙扎手向左右摘開，兩臂靠腰（即猴子拿捉，第三猴子月下遊園，注意打四角）。（圖11-38）

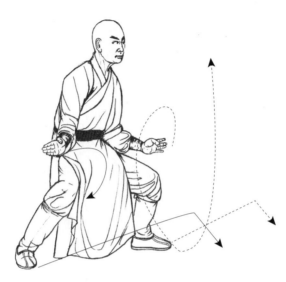

圖11-38

右足向左角跳出一步，左足趕先跳上一步，右膝跪地；同時，左手向下、向上提起平額；右手向下、向後成摘手勾掛（右足墊步，即猴子拔仙草）。（圖11-39）

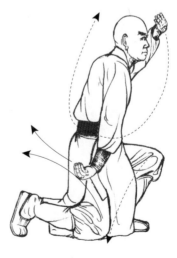

圖11-39

右膝繼起，左膝向右跪地，連身向右轉；右扎手自下轉右，指尖向右，左手向下、向前抄上平額（即猴子海底撈月）。（圖11-40）

圖11-40

左足提起，從右足前跳出一步，依勢右足向前趁先跳上一步，左膝跪地；右扎手、左扎手隨步發力（左足前墊步，即猴子拔仙草）。（圖11-41）

圖11-41

左膝繼起，右膝向左跪地，身亦向左轉；左扎手落下轉左，指尖向左；右手向下、向前抄上平額（即猴子海底撈月）。（圖11-42）

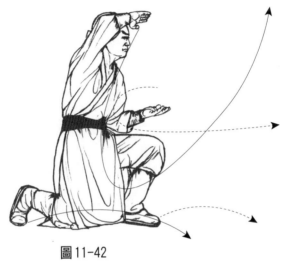

圖11-42

右足提起從左足前往後跳出一步，左足依勢向左趲先跳上一步，右膝跪地；左扎手、右扎手隨步發力（右足前墊步，即猴子拔仙草）。（圖11-43）

圖11-43

右膝繼起，左膝向右跪地，身向右轉；右扎手落下轉右，指尖亦向右；左手向下、向前抄上平額（即猴子海底撈月）。（圖11-44）

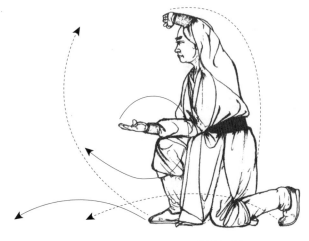

圖11-44

圖11-45

左足提起向前跳出一步，右足趕先跳上一步，左膝跪地；右扎手、左扎手隨步發力（左足前墊步，即猴子拔仙草）。（圖11-45）

左膝繼起，右膝向左跪地，身亦向左轉；左扎手落下轉左，指尖向左；右手向下、向前抄上平額（即猴子海底撈月）。（圖11-46）

圖11-46

圖11-47

右足提起前四十五度踏下，作平馬，歸正方，身向左轉；右手握拳；左手掌心向上，握住右腕靠腰（用「餘」字音，猴子接桃）。（圖11-47）

　　右足向前跨上一步，作平馬，身向右轉；同時，右拳磨過左掌，用五指向左握住左拳扭轉，脈息向上，隨即收臂靠腰（用「餘」字音，即金鈎釣蝦蟆）。（圖11-48）

　　右足向右方退轉，作平馬；依勢左手繞右手旁，用雙扎手向左右扎開，兩臂靠腰（用「哼」字音，即猴子拿捉）。（圖11-49）

圖11-48

圖11-49

　　雙膝向內眠地；兩手放下，依勢反轉，掌心向上托起。至與頭部相平時，握住（用「餘」字音）。（圖11-50）

　　隨即，將兩膝提起作平馬，用雙掌向前直推。（圖11-51）

圖11-50

圖11-51

收回，兩臂靠腰，脈息相對（即猴子捧桃，關門
屈法）。（圖11-52）

兩手裏合，右拳從左掌上穿出（用「餘」字音）。
（圖11-53）

圖11-52

圖11-53

將左手掌循拳直推；右拳抽回，臂膀靠腰。（圖
11-54）

　　左手向下、往內反轉，隨即雙手同時放下，左右
分開，掌心向上（用「旭」字音，鯉魚挖腮）。（圖
11-55）

圖11-54

圖11-55

右足退後，作平馬；身向左轉，右手提起握拳，脈息向下，抵住左手掌心，向前送出。（圖11-56）

兩手放下，左右分開，掌心向外（用「旭」字音）。（圖11-57）

圖11-56

圖11-57

左足收攏，立定；兩手掌心反轉，向下直伸。收勢。（圖11-58）

圖11-58

第十二章

鷹拳（雛鷹展翅）

　　此拳亦名「雛鷹展翅」，勢法精簡，練形別致，乃鷹拳之初基，尤適青少年學練。

　　精熟此拳，一切鷹技皆可迎刃而解。

一、請手勢

　　1. 併步正身直立，兩掌垂於體側，呼吸自然。目視前方。（圖12-1）

圖12-1

2. 兩掌上提，右掌握拳收抱右腰間；左掌向右，掌心貼抵右拳面。目視兩手。（圖12-2）

3. 接著，左腳向前半步，腳尖點地，右腿屈蹲，成左虛步。同時，右拳、左掌一齊向正前方推出，高與頜平。目視前方。（圖12-3）

圖12-2

圖12-3

二、鷹盤翅

1. 右拳變掌，兩掌向左右兩側分開，左上右下，左掌掌心向上，高過頭頂；右掌掌心向後，掌尖向右斜下方；頭左轉。目視左掌。（圖12-4）

2. 接著，兩掌向胸前合攏，左下右上，掌心向上，交腕後，兩掌旋轉成掌心向下互推至肘部。同時，左腿盤膝，小腿外側擱置右大腿上。目視左前。（圖12-5）

圖12-4

圖12-5

3.右腿屈膝，成盤腿平衡勢。兩掌繼續旋轉成掌心向上時，扣指成爪，爪心向上，右爪置於左膝前側；左爪置於右腹角前側。目視左前下。（圖12-6）

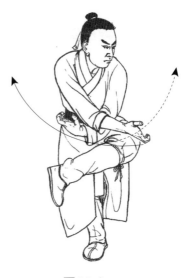

圖12-6

4.動作不停，兩爪由下經體側向後上分展，爪心向上，左爪高與頭平；右爪略低於肩。目視左前。（圖12-7）

圖12-7

三、鷹壓翼

1. 左腳向左前側方跨出一步，成左弓步。右爪捋帶至右腰側，爪心向下；左爪變掌，以側立掌向左前方推出。目視左掌。（圖12-8）

圖12-8

2. 左腳向前蹬地擺起，右腳內側靠擊左腳跟，成擊步，兩膝伸直，左腳掌全面著地，右腳跟懸提，腳尖點地。同時，左掌外旋向下、向前上突變鷹爪以立爪叼抓；右爪外旋向後擄帶至斜後方成反爪。目視左爪。（圖12-9）

圖12-9

3. 左腳向前
躍步，身微左
轉，上體左傾，
右腿屈膝後抬。
同時，左爪略
旋，虎口向上。
目視左爪。（圖
12-10）

圖12-10

4.右腳向前躥躍，全腳掌落地，左腳順勢以腳前掌拖地跟上，成左半跪步。同時，右臂向上屈肘，再向前下疊肘；左爪變掌外旋托拍右小臂下。目視右肘。（圖12-11）

圖12-11

四、鷹揮翼

右腳向前半步，成右弓步。同時，左掌向下俯按，高與腹平；右拳向上、往前屈臂翻扣，拳心向上，高與額平。目視右拳。（圖12-12）

圖12-12

五、鷹壓枝

1. 左腳跟進一步，屈膝下沉，成半跪步，腳跟懸提。同時，右拳變掌內旋，屈臂經腹前，即外旋突變鷹爪，俯爪叼抓，虎口斜向前方；左爪置於右腋前側，爪心向下。目視右爪。（圖12-13）

2. 左腳向前跨進一大步，兩腿屈膝半蹲，成馬步。同時，右爪收置右腹角側，爪心向後，虎口斜向左下方；左臂先內旋向左前方伸展，後快速外旋屈肘下壓，爪心向上。上體左俯。目視左爪。（圖12-14）

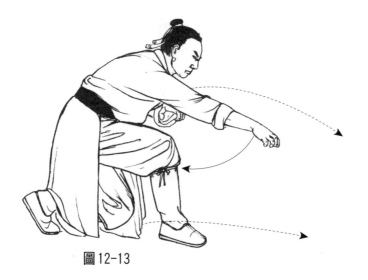

圖12-13

圖12-14

六、鷹抓喉

身體左轉，重心左移，成左弓步。同時，右爪向前方快速抓出，虎口、爪心斜向前方，高與喉平；左爪內收，置於右大臂下側、右腹前方，爪心向下。目視右爪。（圖12-15）

圖12-15

七、鷹推窗

兩腳向前滑進半步，重心後移，成馬步。同時，左爪微內旋，變掌橫向左體側擊出，力達掌棱，掌尖向斜前上方，高與鼻平；右爪變掌收至左肩前側，掌心向裏。目視左掌。（圖12-16）

圖12-16

圖12-17

八、鷹回身

1. 身體右轉，重
心移於左腳，右腳屈
膝提起，左掌變拳收
抱左腰間；右掌外旋
經左肋過腹，沿右大
腿向右側斜下橫撥屈
指成爪，爪心向下，
高與右前脛下段平，
上體略俯。目視右
爪。（圖12-17）

2. 右腳向右外側落步，上體右轉，兩腿屈膝半蹲，成馬步。同時，右爪內旋轉腕，突變俯爪向前叼抓，虎口斜向前方，高與胸平。目視右爪。（圖12-18）

圖12-18

3. 左拳變掌前伸，按於右肘上側經右小臂向前擦壓；右爪同時向下按勁。目視右爪。（圖12-19）

圖12-19

圖12-20

4.右腳向前上步，成右弓步。右爪內旋往後擴帶於右耳旁，成立爪形，爪心向外，虎口向前；左掌內旋成側立掌，向前方推出，掌尖高與眉平。目視左掌。（圖12-20）

九、鷹擄抹

1.左腳向前繞蓋右腳前，成左拐步。同時，左掌外旋屈臂，經腹前即內旋變爪叼抓，置於左頷側，虎口向前，爪心向右；右爪變掌微外旋前伸

圖12-21

突變爪，成倒立爪叼抓，虎口向前，高與左膝平。目視右爪。（圖12-21）

2. 身體微左轉，右腳先屈膝繃直，腳尖抬起，再向前方挺膝勾腳尖擦地抄腳。同時，右爪內旋畫小平圈使爪心向下，即往前抹出；左爪稍外旋置於右肩前側。目視右爪。（圖12-22）

圖12-22

十、鷹衝網

1. 身微左轉，右爪先微內旋，急速外旋成倒立爪叼抓；左爪收抱左腰間，爪心向上。目視右爪。（圖12-23）

圖12-23

2. 重心前移右腳，成右弓步。同時，右爪向後擴帶，外旋變仰拳抱於右腰間；左爪變拳向前衝出，高與肩平，拳眼向上。目視左拳。（圖12-24）

圖12-24

十一、鷹戲鼠

1. 左腳向前上進一步，成左弓步。同時，左拳微外旋屈肘上挑，拳面向上，拳心對面。目視左拳。（圖12-25）

2. 體左轉，右腳向前方上進一步，成右弓步。同時，右拳向前衝出，拳心向下；左拳變爪向左腰側收回，爪心向下，虎口向前。目視右拳。（圖12-26）

圖 12-25

圖 12-26

十二、鷹旋身

1. 右腳以前腳掌碾
地，身體左轉，左腳向右
腳後方插步，兩腿微屈膝
下蹲。右拳外旋屈臂變
掌，掌心向上，向左肩前
側上方穿出，高與喉平；
左爪變掌沿右臂外側收向
右肋，掌心向上。目視右
掌。（圖12-27）

圖12-27

圖12-28

2. 上體略右轉，
右臂外旋，右掌向
下、向右畫，置於右
側下方，高與胯平，
虎口向上，掌尖向右
後方；左掌上收右胸
前，掌心向上，掌尖
向右。目視右掌。
（圖12-28）

3. 身體左轉，右腳以腳前掌向外、向後作半月弧形掃腿，至右側方時，腳跟突然著地，左腿屈膝半蹲，成左弓步。同時，右掌向左前方穿提，至左胸前方，掌尖向上，掌心斜向左前方；左掌護於右腕內側。目視右掌。（圖12-29）

圖12-29

十三、鷹落沙

1. 身體右轉，重心下降，成右仆步。同時，左掌變拳收抱左腰側；右掌成立掌收至左肩前。目視右前下。（圖12-30）

圖12-30

2. 重心前移，成右弓步。同時，右掌向前，經右腳面外旋，摟手變仰掌收抱右腰間；左拳向前衝出，高與肩平。目視左拳。（圖12-31）

圖12-31

十四、鷹轉身

1. 左拳收回抱於
左腰間；右拳內旋，
向前方衝出，高與肩
平，拳心向下。目視
右拳。（圖12-32）

圖12-32

圖12-33

2. 左轉體，
重心左移，成左
弓步。同時，右
拳外旋，收抱右
腰間；左拳向前
方衝出，高與肩
平。目視左拳。
（圖12-33）

十五、鷹亮爪

1. 左腳略向外移，兩腿屈膝下蹲，重心偏於左腿，右膝略屈跪，身體左轉略前傾。同時，左拳旋轉變仰掌，下壓至左膝前，掌心向上；右拳變掌，旋轉成俯掌向左經左臂向前抹出，高與眼平，掌棱向前，掌心向下。目視左掌。（圖12-34）

2. 右腳向前上步，腳尖虛點地面，左腿略屈，成右高虛步。同時，右掌外旋向下，收於右腰間，掌心向上；左掌上畫側掌前推，高與鼻平，掌棱向前，掌尖向上。目視左掌。（圖12-35）

圖12-34　　　　　　　　　　圖12-35

3. 身體左轉。同時，左掌變爪下按，高與肋平；右掌變爪向前抓出，高與眼平，爪心向下，身體前傾。目視右爪。（圖12-36）

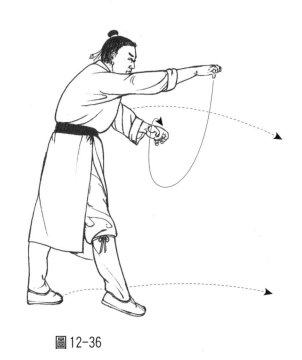

圖12-36

十六、鷹追虎

1. 左腳向前上進一步，成左弓步。同時，右爪內旋，反臂變掌屈臂裹收，拍擊左腕背；身向右轉，左肘同時向上、向右下畫小弧拐肘下壓，肘尖向前，低於左肩，左爪握拳。目視左肘。（圖12-37）

圖 12-37

　　2. 重心移於右腿，左腿伸膝，成左高虛步。同時，右掌變拳，轉腕拳心向上；左拳變掌，抵住右拳面，向後收至右肋側。目視左前方。（圖12-38）

圖 12-38

3.左腿勾腳內扣向左側蹬出，腳尖向上，高與襠平。目視左腳。（圖12-39）

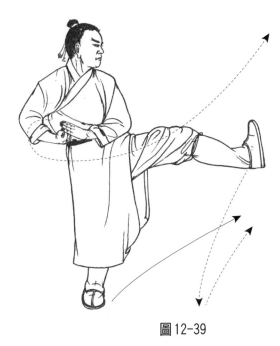

圖12-39

4. 左腳一落地，即蹬地向前擺起，右腳內側向左腳跟靠擊，成擊步。同時，左掌向前伸出，向左側前方突變鷹爪，成立爪叼抓；右拳變仰爪抱於右腰。目視左爪。（圖12-40）

5. 左腳前掌落地，右腳隨即前跨一步，成右弓步。同時，左爪外旋變掌，向左下、微向右畫小弧按掌，高與鼻平，掌棱斜向前，掌尖向上；右爪於右腰間變掌。目視左掌。（圖12-41）

圖12-40

圖12-41

十七、鷹抓食

1. 身體微左轉，兩腿屈膝半蹲，成馬步。同時，右掌變拳從右腰側向前方衝出，高與肩平，拳眼向上；左掌成立掌裏收，置於右腋前側。目視右拳。（圖12-42）

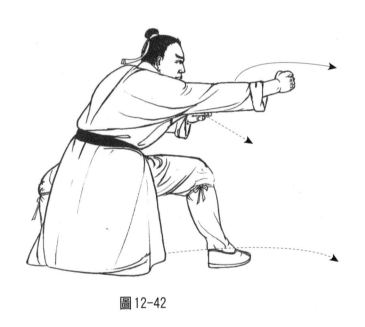

圖12-42

2. 左腳向右腳後方插步，腳前掌著地，腳跟懸提。同時，右拳內旋成俯拳收回，迅疾外旋向上、往前屈臂反扣成爪，爪心向上，高與肩平；左掌成橫掌向前下按，置於右腋下。目視右爪。（圖12-43）

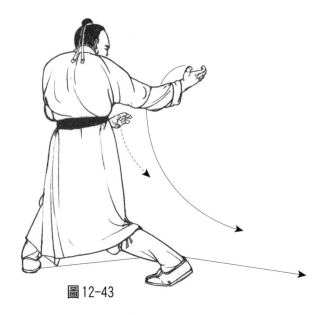

圖 12-43

3. 上體右轉，右腳向右側上進一步，兩腿屈膝半蹲，成馬步。同時，右爪內旋裏收，沿左臂內側經體前向右側下方截出，高與右膝平，爪心向下；左爪下按，置於右肘內側。目視右爪。（圖 12-44）

圖 12-44

十八、鷹尋食

1. 右腳前移，成右弓步。同時，右爪變拳向後、向上、往前屈臂反扣而出，拳心向裏，高與額平；左爪變掌向前、往下畫弧，置於右肘下側，掌棱向前。目視右拳。（圖12-45）

圖12-45

2. 左腳墊步，右腳向前一步，兩腿屈膝半蹲，成馬步。同時，左掌變拳收於左腰間；右拳下收轉腕變爪向前抓出，高與頭平。目視右爪。（圖12-46）

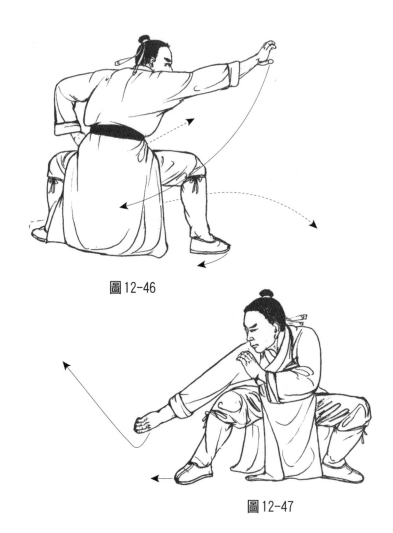

圖12-46

圖12-47

3. 右腳尖外展，左腳向前上進一步，上體右轉，成馬步。同時，右爪隨轉身向右側反撩，高與右前脛中段平，虎口向下，爪心向後；左爪置於右肩前側，爪心向外。目視右爪。（圖12-47）

十九、鷹敲雲

1. 身體微右轉，右腳前移，成右弓步。同時，右爪外旋上抄叼抓，高與鼻平，爪心向下；左爪收至左腰間，爪心向上。目視右爪。（圖12-48）

圖12-48

2. 身體繼續右轉，左腳向前上進一步，腳尖點地，雙膝全蹲，成丁步。同時，左拳向後上、往前下畫弧，屈臂疊肘；右爪外旋變掌托拍左小臂下。目視左肘前。（圖12-49）

圖12-49

3. 左腳向前邁出一步，成左弓步。同時，左拳先內旋翻轉使拳心向下，然後向上、向前屈臂反扣，拳心向裏；右掌微內旋向前下畫弧，置於左大臂下側、左肋前方。目視左拳。（圖12-50）

圖12-50

二十、鷹戲爪

1. 左拳內旋變掌，突變鷹爪，俯爪叼抓，虎口向上；右掌旋腕扣指成爪，原位不變。目視左爪。（圖12-51）

圖12-51

2. 右腳向前上進一步，成右弓步。同時，左爪稍向下收帶；右爪前伸內旋叼抓，虎口向前，高與胸平。目視右爪。（圖12-52）

3. 左爪向前抓出，高與喉平，虎口向上，爪心斜向前方；右爪向下攜帶，置於右膝前上側方，虎口向前。目視左爪。（圖12-53）

圖12-52

圖12-53

二十一、鷹排雲

1. 身體左轉，右腳尖裏扣，成馬步。同時，右爪變拳向前方衝出，高與肩平，拳眼向上；左爪變掌收至右肩前側成立掌。目視右拳。（圖12-54）

圖12-54

2. 身體左轉，左腳腳尖外展，左掌向左側弧形前摟，高與肩平，掌尖向上；右拳收抱右腰間。目視左掌。（圖12-55）

3. 重心左移，成左弓步。同時，右拳向前方衝出，高與肩平，拳心向下；左掌外旋變拳收抱左腰間。目視右拳。（圖12-56）

圖12-55

圖12-56

二十二、鷹歸巢

1. 身體右轉，重心移於左腿，屈膝全蹲，右腿伸直仆地，成右仆步。同時，右拳變掌向右下分，伸展於右踝上側，掌心向上；左拳變掌，斜伸臂於左側斜上方，高過頭頂，虎口向上，掌尖斜向左上方。目視右掌。（圖12-57）

圖12-57

2. 身體略起，右腳內收半步；兩掌收攏胸前，左掌心貼抱右拳面。隨即，左腳向正前方上半步，重心移於右腿，屈膝半蹲，成左虛步；同時，右拳、左掌一齊向前推移而出，高與頜平。目視前方。（圖12-58）

圖 12-58

圖 12-59

圖 12-60

3. 左腳後退半步，與右腳併步，正身直立。左掌變拳，兩拳一齊收抱腰間。目視前方。（圖 12-59）

4. 兩拳變掌，下垂體側。調勻呼吸，本拳收勢。（圖 12-60）

第十三章

打穴連環拳

打穴乃達摩派獨具特色之術，其單拳演法甚多，雖爭奇鬥豔，終為臨敵應對。

連環拳，即打穴單練手，而寓於打，合順巧妙。「久練自化，熟極自神」，一旦精熟，自能隨機應變，攻防裕如。

一、起拳勢

1. 兩腳併步，正身直立，兩掌垂於體側。目視前方。（圖13-1）

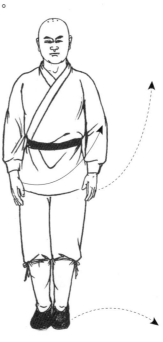

圖13-1

2.左轉體，左腳向左側方上步，成左弓步。同時，雙掌向左側提起成雙排手，左掌在前，掌棱向前，掌尖向上，高與肩平；右掌置於左腋前，掌心向裏。（圖13-2）

二、潑水勢

1.身體重心移至右腿，成左虛步。同時，左掌向內、向上畫弧作格擋勢，高與眉平，掌心向前，掌尖向上。（圖13-3）

圖13-2

圖13-3

2. 重心前移，成左弓步。同時，左掌收於左腹側，虎口向上；右掌向前插出，高與腹平，掌心向下。（圖13-4）

3. 右掌收在胸前之際，再迅疾平胸插出。（圖13-5）

圖13-4

圖13-5

4. 右腳向前上步，成右弓步。同時，右掌向內、向上畫弧，屈肘豎臂成格擋勢，掌尖向上，掌心向左；左掌成空心拳向前擊出，高與肋平。（圖 13-6）

5. 左腳上前一步成左弓步。同時，左小臂由下向上、向外屈肘豎臂成格擋勢；右手空心拳向前擊出，高與肋平。（圖 13-7）

圖 13-6

圖 13-7

6.左拳下壓，至與腰平，拳眼向上。同時，右拳向內、向上畫弧成格擋勢，拳眼向裏，高與眼平。（圖13-8）

7.右腳向前上步，成右弓步。同時，左拳變掌，橫掌向前上擊出，高與頸平；右拳成空心拳弧形向前衝出，高與胸平。（圖13-9）

圖13-8

圖13-9

圖13-10

三、出洞勢

1. 左腳上前一步，成左弓步。同時，雙手變劍指，左手由上向下插出，手心向裏，高與臍平；右手由下向上插出，手心向裏，高與眉平。（圖13-10）

2. 右腳向前上步，成右弓步。同時，雙手劍指交換位置向前插出，左手在上，高與眉平；右手在下，高與臍平。（圖13-11）

圖13-11

四、過江勢

1. 左腳上前一步，成左弓步。同時，左手變掌收於腹前，掌心斜向下；右手空心拳由下上翻，成屈肘豎臂格擋勢，高與鼻平，拳面向上。目視前方。（圖13-12）

圖13-12

2. 右拳向下擊出，高與胸平，拳眼向上；左掌握拳。（圖13-13）

圖13-13

3.右腳上前一步，成右弓步。同時，右拳收於腹前，拳眼向上；左拳由下上翻，成屈肘豎臂格擋勢，高與眉平，拳面向上。（圖13-14）

4.左拳向下擊出，高與腹平，拳眼向上。（圖13-15）

圖13-14

圖13-15

五、連珠勢

1. 左腳向前上步，成左弓步。同時，左拳收於腹前，拳眼向上；右拳向前掏出，拳心向上，高與腹平。（圖13-16）

2. 右拳收回護於腹前，拳眼向上。同時，左空心拳向上勾出，拳眼向上，高與眼平。（圖13-17）

圖13-16

圖13-17

3. 左拳收下護
於腹前，拳眼向
上。同時，右拳向
前衝出，拳眼向
上，高與胸平。
（圖13-18）

圖13-18

六、單貫勢

1. 右拳收回護
於胸前，拳眼向
上。同時，左拳向
前掏出，高與腹
平，拳心向上。
（圖13-19）

圖13-19

2. 左手收回護於腹前，拳眼向上。同時，右拳向前上橫勾，高與眉平，拳眼向上。（圖13-20）

圖13-20

七、撲面勢

1. 右拳收回護於腹前，拳眼向上。同時，左拳變掌向前插出，掌心向下，高與臍平。（圖13-21）

圖13-21

圖 13-22

2. 左手成拳收於腹前。同時，右腿屈膝提起；右手變圓形掌向前上畫出，高與頭平，掌心向前。（圖 13-22）

八、搜襠勢

1. 右掌成拳，收於胸前。同時，右腳向前點出，腳面繃直，力達腳尖，右腳略高於左踝。（圖 13-23）

圖 13-23

2. 動作不停，右腳腳尖內收之際，用腳掌外棱低鏟。（圖13-24）

3. 右腳不落地，順勢前彈，腳面繃直，力達腳尖，高與襠平。（圖13-25）

圖13-24

圖13-25

九、倒撞勢

1. 右腳向前落地，成右弓步。同時，左手圓形掌在下，右手空心拳在上，雙手一齊向前擊出，右拳高與肩平，左掌高與襠平。（圖13-26）

圖13-26

2. 右腳向後退一大步，上體隨之右轉成右弓步。同時，右臂屈肘順勢向右頂出，高與胸平；左掌成拳收於腹前。（圖13-27）

圖13-27

十、朝陽勢

　　左腳向前勾踢，
腳尖斜向右上方，高
與右踝平。同時，左
拳向前橫勾，高與眼
平，拳眼向上。（圖
13-28）

圖13-28

233

十一、拱月勢

1. 左腳落地；左拳收回護胸。同時，右腿屈膝前頂，高與襠平；右手空心拳平胸打出，拳心向下。（圖13-29）

圖13-29

2. 右腳向前落步，成右弓步。同時，右拳收至腹前，拳眼向上；左臂屈肘，以小臂外側為力點向前推出，拳面向上。（圖13-30）

3. 左腳上前一步，成左弓步。同時，左肘向前頂出，高與胸平。（圖13-31）

圖 13-30

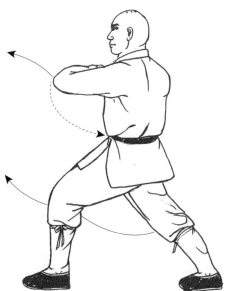

圖 13-31

十二、鎖喉勢

1. 左肘下收，左拳護胸；右手成劍指向前擊出，高與肩平，手心向下。同時，右膝向前提頂。（圖13-32）

2. 右腳向前落步，成右弓步。同時，右手變拳，以小臂為力點下壓，高與腹平，拳眼向上。（圖13-33）

圖13-32

圖13-33

達摩派拳訣——拳法秘傳

十三、回馬勢

1. 右反背拳向前打出，高與額平，拳眼向上。
（圖 13-34）

2. 身體左轉，成左弓步。同時，左拳外翻，屈臂
立肘，高與鼻平，拳面向上；右拳向前下方擊出，高
與臍平，拳眼向上。（圖 13-35）

圖 13-34

圖 13-35

3. 右拳收護
腹前，拳心向
裏。同時，左拳
向前下方以仰拳
擊出，高與腹
平，拳心向上。

（圖13-36）

圖13-36

十四、插劍勢

1. 右轉體，
成右弓步。同
時，左拳收護腹
前；右拳變掌向
前插出，掌心向
下，高與腹平。

（圖13-37）

圖13-37

2.右掌變拳收於腹前。同時，左拳變掌向前下插
出，高與臍平，虎口向上。（圖13-38）

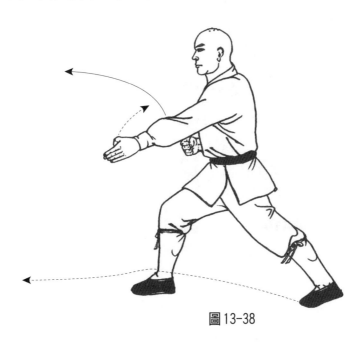

圖13-38

十五、敬酒勢

1.左掌變拳收於腹前；左腳隨之上進一步成踩踏
步。同時，右拳變立掌向前推出，高與胸平。（圖
13-39）

2.右腳向前上進一步，成右弓步。同時，右掌轉
腕變劍指向前擊出，掌心向下，高與肩平。（圖
13-40）

圖13-39

圖13-40

十六、出水勢

1. 右手變圓形掌向下按出，高與襠平，掌心向下。（圖13-41）

2. 左腳向前上步，成左弓步。同時，雙手成拳向前衝出，兩拳眼相對，拳心向下，高與胸平。（圖13-42）

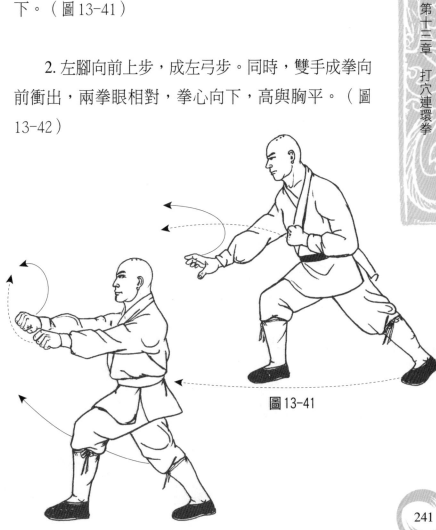

圖13-41

圖13-42

十七、雙貫勢

1. 兩拳左右一分之際，再向前夾擊而出，拳心相對，高與頷平。同時，右腿屈膝向前提頂出。（圖13-43）

2. 右腳向前落步，成右弓步。同時，雙拳變劍指向前下方擊出，止於右膝兩側，指尖向下，掌心向後，兩虎口相對。（圖13-44）

圖13-43

圖13-44

十八、展翅勢

1. 雙手變拳上收，屈肘豎臂立於胸前，兩小臂交叉，左拳在裏，右拳在外，兩拳心均向內。同時，左腳向前彈出，力達腳尖，高與襠平。（圖13-45）

圖13-45

圖13-46

2. 左腳向前落地，成左虛步。同時，兩拳向左右展臂分開，兩拳略低於肩，拳眼向上，拳心向前。（圖13-46）

十九、衝突勢

1. 右拳收於腹前；左手成掌經腹側向前上畫弧成格手，高與頭平，掌心向外，虎口向前。同時，左膝前屈成弓步。（圖 13-47）

2. 上體略向左轉，左掌收護胸前。同時，右拳向左前方衝出，拳面向左前，拳心向下。（圖 13-48）

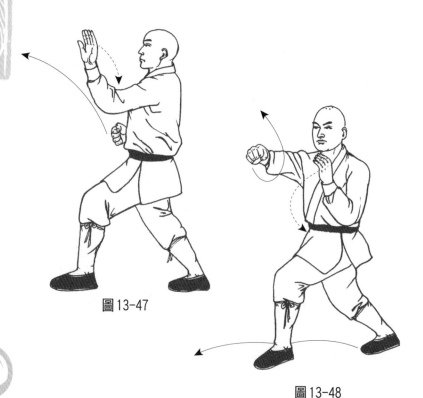

圖 13-47

圖 13-48

3. 右腳向前上步，成右弓步。同時，右拳變掌向前豎臂攔格，高與額平，掌心向前；左掌變拳下護右肋側。（圖13-49）

4. 上體略右轉，右掌變拳收護右腰際。同時，左拳向右前側衝出，高與眼平，拳心向下；左腳提跟，屈膝略成扭步狀。（圖13-50）

圖13-49

圖13-50

二十、閉門勢

左腳向前彈出，腳面繃直，力達腳尖，左腳低於右膝。同時，左拳向前俯衝擊出，高與胸平，拳心向下。（圖13-51）

二十一、出洞勢

1. 左腳向前落步，成左弓步。同時，左拳收護腹前；右拳成劍指向前上擊出，手心向外。（圖13-52）

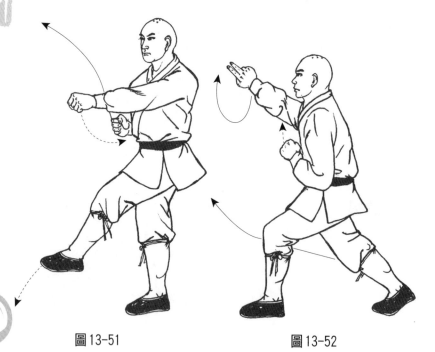

圖13-51　　　　　　　　　圖13-52

達摩派拳訣——拳法秘傳

2. 右腿屈膝向前提頂而出，高與襠平。同時，右臂收回，屈肘豎立，劍指向上，虎口對面；左掌護於右肋前，掌心向下。（圖13-53）

二十二、挑斬勢

1. 右腳向後落一步，隨之右轉身約180度，成右弓步。同時，右手成拳隨轉身用小臂格出，拳高與頭平；左拳下壓於小腹前方，拳心向上。（圖13-54）

圖13-53

圖13-54

2.左腳向前上進一步，成左弓步。同時，左拳成掌收於左腹前，掌心向下；右拳成空心拳向前擊出，高與肩平，拳心向下。（圖13-55）

圖13-55

二十三、劍指勢

1.右腳向前上進一步，成右弓步。同時，右拳變掌向上一攔，高與額平，虎口向前；左手成劍指向前擊出，高與鼻平。（圖13-56）

2.左腳向前上進一步，成左弓步。同時，左手繞腕豎臂，高與額平，掌心向前；右手劍指向前擊出，高與頜平，掌心向下。（圖13-57）

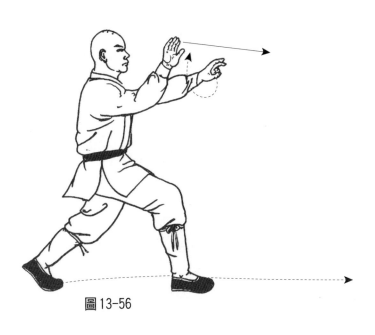

圖 13-56

圖 13-57

3. 左掌收護右肋前，掌心向外，掌尖向上。同時，右手劍指向胸前一收即向前擊出，高與頷平，手心向下。（圖13-58）

圖13-58

二十四、連炮勢

1. 右手成橫掌向前下按，高與腹平。（圖13-59）

2. 右腳向前上進一步，成右弓步。同時，右手橫掌向前擊出，高與喉平，掌尖向左，掌心向下；左掌落於左腹側。（圖13-60）

圖 13-59

圖 13-60

3. 接著，左手成空心拳向前擊出，拳心向下，高與心口平。同時，右掌收護左大臂內側。（圖13-61）

4. 左拳變劍指收護左腹側。同時，右手空心拳向前擊出，高與腹平，拳眼向上。（圖13-62）

圖13-61

圖13-62

二十五、獨立勢

1. 右拳收回至胸前之際，左腳向前上進一步，成左弓步。隨即，右拳成掌向前插出，掌心向下，高與胸平。（圖13-63）

2. 右腿屈膝向前提起，高與腰平。同時，右掌收回變爪，屈肘豎臂護於胸前，爪心向左，高與喉平；左掌置於左腹側。（圖13-64）

圖13-63

圖13-64

3. 右腳向前落步，成右弓步。同時，右爪成空心拳向前頂出，高與頜平，虎口向上；左手成拳護於腹前。（圖 13-65）

二十六、收拳勢

右腳尖右擺，上體右轉約 90 度，隨之左腳上步於右腳內側，腳跟併緊，腳尖外分。放下雙掌，垂於體側，正身直立。調勻呼吸，全拳收勢。（圖 13-66）

圖 13-65

圖 13-66

歡迎至本公司購買書籍

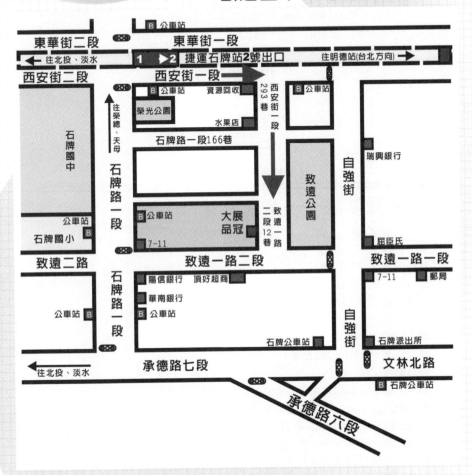

建議路線

1. 搭乘捷運‧公車

　　淡水線石牌站下車，由石牌捷運站２號出口出站(出站後靠右邊)，沿著捷運高架往台北方向走(往明德站方向)，其街名為西安街，約走100公尺(勿超過紅綠燈)，由西安街一段293巷進來(巷口有一公車站牌，站名為自強街口)，本公司位於致遠公園對面。搭公車者請於石牌站(石牌派出所)下車，走進自強街，遇致遠路口左轉，右手邊第一條巷子即為本社位置。

2. 自行開車或騎車

　　由承德路接石牌路，看到陽信銀行右轉，此條即為致遠一路二段，在遇到自強街(紅綠燈)前的巷子(致遠公園)左轉，即可看到本公司招牌。

國家圖書館出版品預行編目資料

達摩派拳訣——拳法秘傳／湯 顯 原著 三武組 整理
——初版，——臺北市，大展，2020〔民109.07〕
面；21公分 ——（武術秘本圖解；10）
ISBN 978－986－346－304－7（平裝）
1. 拳術 2. 中國
528.97 109006243

達摩派拳訣——拳法秘傳

原 著／湯 顯
整 理／三 武 組
責任編輯／何 宗 華
發 行 人／蔡 森 明
出 版 者／大展出版社有限公司
社 址／台北市北投區（石牌）致遠一路2段12巷1號
電 話／（02）28236031・28236033・28233123
傳 眞／（02）28272069
郵政劃撥／01669551
網 址／www.dah-jaan.com.tw
E – mail ／ service@dah-jaan.com.tw
登 記 證／局版臺業字第2171號
承 印 者／傳興印刷有限公司
裝 訂／佳昇興業有限公司
排 版 者／弘益電腦排版有限公司
授 權 者／安徽科學技術出版社
初版1刷／2020年（民109）7月

定 價／280元

●本書若有破損、缺頁請寄回本社更換●

大展好書　好書大展
品嘗好書　冠群可期

大展好書　好書大展
品嘗好書　冠群可期